THÈSE

pour

LA LICENCE

FACULTÉ DE DROIT DE TOULOUSE.

THÈSE

POUR

LA LICENCE

En exécution de l'Art, 4, Tit. 2. de la Loi du 22 Ventôse an XII,

SOUTENUE

Par M. SERRES (Noël-Louis),

Né à Castin (Gers).

AUCH
TYPOGRAPHIE DE J. LOUBET
RUE DE LA PRÉFECTURE

1863

MEIS ET AMICIS.

JUS ROMANUM.

DE SERVITUTIBUS PRÆDIORUM RUSTICORUM.

(Dig., lib. VIII, tit. 3).

Quæ sunt propria servitutum rusticarum et earum species, differentiæ, jura hoc titulo continentur. Ut servitutes prædiorum urbanorum, utilitatem superficiei, id est ædificiorum, respiciunt, ità istæ soli commoditatem respiciunt, et in ipso solo situm habent. Prædium rusticum est ipse ager, et terra, solum-ve è quo fructus et cætera ejus modi proveniunt.

Sunt servitutes rusticæ quæ non incontinentibus ædificiis, sed ruri fructuum potissimùm colligendorum vel percipiendorum gratiâ imponuntur.

Quatuor sunt principales quibus nomen jure impositum fuit : Hæ servitutes sunt, *iter, actus, via et aquœductus.*

Iter est jus eundi, ambulandi hominis, unius aut cum alio, planè vel currendo, non etiam jumentum agendi vel vehiculum, id est ducendi ad manus, vel antè se. Nam iter nequaquam super equum, vel super bigam, vel quadrigam, sive lecticâ jus vadendi excludit.

Actus est jus agendi vel jumentum, vel vehiculum; itaquè qui iter habet, actum non habet; qui actum habet, iter habet, eoque uti potest etiam sinè jumento.

Attamen, hoc constitutum magis ad commoditatem quam ad servitutem : Nam si essent duæ servitutes constituto actu, posset, una adempta, altera remanere; quod lex negat. Ergò adempto itinere nihil amittitur.

Inspectis his definitionibus, inter actum et iter, nonnullam esse differentiam constat. Iter est enim quo quis pedes, vel eques commeare potest; actus verò ubi et armenta trajicere, et vehiculum et instrumenta agrorum licet.

Via est jus eundi, et agendi et ambulandi, nam iter et actum in se via continet. Amplius tignum aut trabem aut saxum trahendi, et rectam hastam ferendi complectitur.

Viæ latitudo, nisi fuerit à concedente expressa, ex lege duodecim tabularum, in porrectum octo pedes habeat, necesse est, in aufractum verò, id est ubi flexum, sedecim.

Aquæductus, est jus aquæ ducendæ per fundum alienum. Qui habet, potest facere in rivo quidquid vult, nisi prædii domino noceat.

In prædiorum rusticorum servitutibus computandæ etiam sunt istæ : *Aquæ haustus, pecoris appulsus, jus pascendi, calcis coquendæ, arenæ fodiendæ*. Actu, sed non jure denominantur; sic prædictis servitutibus differunt.

Aquæ haustus est jus hauriendæ aquæ è fonte vel vicini puteo. Qui haustum habet iter quoquè habere videtur ad hauriendum; et ut ait Neratius (lib. 3, Membranarum), *sivè ei jus hauriendi et adeundi concessum sit, utrumque habebit; sivè tantùm hauriendi, inesse et aditum; sivè tantùm adeundi ad fontem, inesse ei haustum; hæc dehaustu è fonte privato. Ad flumen autem publicum*, idem Neratius, eodem libro scribit, *iter debere cedi, haustum non opportere, et si quis tantùm cesserit, nihil eum egisse.*

Haustûs et aquæductûs pluribus concedi potest servitus, si sufficere possit.

Pecoris appulsus, est jus ducendi ad aquam pecoris per fundum vicini.

Jus pascendi, est jus quo in alieno fundo pascere licet pecus, et sanè meritò, hæc servitus rustica dicitur, quòd ruris opes maximæ sint in pascendo pecore.

Jus calcis coquendæ, est quo in fundo vicini ad propriam utilitatem rustici prædii coquere licet calcem.

Arenæ fodiendæ jus est quo licet è vicini fundo arenam effodere ad proprii prædii rustici utilitatem. Huic accedit jus cretæ effodiendæ, et lapidis eximendi, quatenus ad eum ipsum fundum opus sit.

Rusticorum etiam prædiorum sunt : jus terram, rudus, saxa in fundo vicini reponendi, aut ut in fundum vicini ex lapidicinâ lapides provolvantur, donec exportentur; jus sylvæ cædendæ in vicini fundo ut pedamenta in vineis non desint, jus in vicini fundo tugurium habendi quo se pastores recipiant, ingruente aliquâ aeris tempestate, dum pecora ad pastum vel ad aquam appellantur.

Jus servitutis totum est in toto, et totum est in quâlibet parte totius, nisi usum ejus aliquid impediat. Quotiès ergò, fundo servitus debetur, omnibus ejus partibus debetur, et quamvis particulatim venerit, omnes partes sequitur servitus, ità ut singuli rectè agant jus sibi esse fundi. Si tamen fundus cui servitus debetur, certis regionibus inter plures dominos divisus est, quamvis omnibus partibus servitus debeatur tamen opus est ut ii qui non proximam partem servienti fundo habebunt, transire per reliquas partes fundi divisi jus habeant, aut si proximi patiantur, transeant.

Licet totus fundus debeat servitutem, nihilominùs debet quis uti per eam partem quæ minùs læditur; et si via, iter, actus, aquæductus, legetur simpliciter per fundum, facultas est heredi, per quam partem fundi, velit constituere servitutem; si modò nulla captio legatario in servitute sit, et quùm primum iter determinatum est, ibi servitus, et cæteræ partes agri liberæ sunt.

COMMUNIA PRÆDIORUM TAM URBANORUM QUAM RUSTICORUM.

(Dig., lib. VIII, tit. 4).

Quæ communia tam urbanorum prædiorum quàm rusticorum, et servitutum eorum explicantur hoc titulo, exempli gratiâ : ut servitutem acquirere possit nisi qui habet prædium, ut duorum prædiorum dominus unum tradendo possit alterum servum alterius facere, ut qui partem prædii tradit, non possit servitutem imponere, quià per partes servitus imponi non potest, sed, nec acquiri, ut eadem servitus pluribus separatìm cedi possit, ut legari per damnationem qualiscunque servitus possit.

Ædificia urbana quidem prædia appellamus : cæterùm etsi in villâ ædificata sint, æquè servitutes urbanorum prædiorum constitui possunt. Ideò autem hæ servitutes prædiorum appellantur, quoniam sinè prædiis constitui non possunt. Nemo enim potest servitutem acquirere nisi qui habet prædium, nec quisquam debere, nisi qui habet prædium, et prædio servitus adeò inhæret ut sequitur quocumque adeat.

Præterea fundo servitus constitui nequit, ea est conditio, nisi quatenùs exigit utilitas prædii dominantis, et serviens et dominans prædium in proximo quàm maximè habeantur. Attamen non credendum est, omnes servitutes prædiorum hâc vicinitatis conditione pendere : Unum necesse est, scilicet, confines sint fundi, ità ut servitute impositâ dominus prædii dominantis uti possit. Jus stillicidii et tigni immittendi, fundo contiguo tantùm constitui possunt; sed contrà, iter et actus et hujus generis jura fundo deberi possunt, etsi non confines omninò sint fundi : Reipsâ unam viam per plures fundos imponi sæpè fit.

Venditâ hereditate, servitutes confusæ additione restitui debent. Si ei cujus prædium mihi serviebat, heres extiti, et eam alicui hereditatem vendidi, restitui in pristinium statum servitus debet; quià id agitur, ut quasi heres videatur extitisse emptor.

Concessâ servitute, videntur concessa omnia sinè quibus quis servitute uti non potest : et sicut quis non potest facere contrà servitutem, ità nec contrà ea quæ ei tacitè accedunt. Si per vicini fundum jus mihi est aquam rivo ducendi, tacitè hæc jura sequuntur, ut reficere mihi rivum liceat, ut adire quàm proximè possim ad reficiendum, ego, fabrique mei.

Per eumdem locum potest servitus pluribus constitui. Nàm qui per certum locum iter aut actum alicui cessit, eum pluribus per eumdem locum, vel iter, vel actum, cedere posse verum est : quemadmodùm si quis vicino suas ædes servas fecit, nihilominùs aliis (quòt volet) multis easdem ædes servas facere potest.

Si plures domini separatim servitutem constituunt, novissimâ constitutione servitus confirmatur, nisi mutatio contigerit in personâ constituentis vel acquirentis, vel alterius è sociis. Quippè receptum est, ut plures domini, et non pariter cedentes, servitutes imponant vel acquirant, ut tamen novissimo actu etiam superiores confirmentur, perindè ac si eodem tempore omnes cessissent. Et ideò si is qui primus cessit, vel defunctus sit, vel alio genere, vel alio modo partem suam alienaverit, deindè socius cesserit, nihil agetur. Cùm enim postremus cedit, non retrò acquiri servitus videtur, sed perindè habetur, ac si cùm postremus cedit omnes cessissent. Igitur rursùs hic actus pendebit, donec novus socius cedat.

Servitutes quibus agitur testamento constitui possunt. — Justinianus, ait lib. 2, tit. 4, § IV : *Si quis velit vicino aliquod jus constituere pactionibus atque stipulationibus id efficere debet* (sed obligationis tantummodò vinculum nasci plerisque visum est, et ut prætor fundi domini jura tueri possit, necesse est dominus servitute usus fuerit), *potest etiam in testamento quis heredem suum damnare, ne altius ædes suas tollat, ne luminibus ædium vicini officiat: vel ut patiatur eum tignum in parietem immittere, vel stilli-*

cidium habere, vel ut patiatur eum per fundum ire, agere, aquam-ve ex eo ducere.

Constituuntur adhùc legato per vindicationem, et familiæ erciscundæ et communi dividundo judicio legitimo, si judex alii proprietatem, alii servitutem adjudicaverit (judicia legitima in desuetidine abiisse temporibus Justiniani animadvertamus), et denique Justiniano regnante, possessione longi temporis, dùm sit nec vi, nec clàm, nec precario.

POSITIONES.

I. — Servitus potest-ne constitui usque ad tempus, vel ad certam conditionem? — Non.

II. — Potest quis concedere aquam è suo aquæductu quem habet è fundo alieno? — Non.

III. — Unus è sociis potest-ne fundum communem servum facere? — Non.

IV. — Si uni conceditur servitus una, potest ne alii concedi per quam servitus primi impediatur? — Non.

CODE NAPOLÉON.

Du Régime Dotal.
(1540 à 1581).

Le régime dotal, dit M. Troplong (n° 3001), est un régime qui a établi de grands privilèges pour les femmes, et de grandes entraves à la liberté des biens. *Interest reipublicæ dotes mulierum salvas esse.* C'est à cette raison de salut que tout a été sacrifié par le système dotal, confiance dans la bonne conduite des époux, disposition libre de la fortune de l'épouse, espérance de progrès, bonne foi des tiers. Il faut absolument que le bien-dotal se retrouve. Tel est le but du régime dotal, et il n'est rien qui ne doive plier pour arriver à cette fin. L'esprit de conservation peut s'en applaudir; l'esprit d'équité et la bonne foi en souffrent profondément.

Ce système nous a été légué par la législation romaine; importé avec les autres institutions de Rome, il se propagea surtout dans les provinces méridionales de notre pays. Les rédacteurs du Code Napoléon l'admirent dans la législation nouvelle, par égard pour les habitudes d'une partie de la population, bien qu'ils reconnussent que cette inaliénabilité du fonds dotal, cette perpétuité des biens dans les familles, n'étaient nullement conformes à l'esprit d'une législation qui est surtout attachée à favoriser la libre transmission des propriétés.

D'ailleurs, les inconvénients de ce système, ses abus, ses dangers, les impossibilités qu'il élève contre toutes les entreprises commerciales et industrielles, ses résultats contraires au but et à l'essence même de l'union conjugale, ont été signalés par tous les auteurs modernes qui se sont occupés de la philosophie du droit. MM. Troplong et Marcadé sont de ce nombre.

Heureusement pour nous, le régime dotal est un régime exceptionnel, et il ne peut résulter que d'une convention expresse de la part des époux. (1393)

La dot est sous ce régime, comme sous tout autre, le bien que la femme apporte à son mari, pour l'aider à supporter les charges du mariage (1540). Il faut donc bien se garder de croire qu'il tire sa dénomination de *la dot,* puisque, d'une part, il y a dot dans les régimes de communauté et sans communauté, et que, d'autre part, il est possible qu'il n'y en ait point sous le régime dotal. Si on l'appelle ainsi, c'est que la dot, quand il y en a une, y est l'objet de règles exceptionnelles, ayant principalement pour but d'en assurer la conservation et la restitution.

La dot peut être constituée par toute personne, soit par les parents de la femme, soit par la femme elle-même, soit par des étrangers.

Un des principaux caractères du régime dotal consiste dans la distinction des biens de la femme en dotaux et en paraphernaux. On entend par biens dotaux ceux dont la jouissance appartient au mari, et par paraphernaux ceux dont la femme conserve la propriété et jouissance.

Mais à quel signe sera-t-il permis de reconnaître les biens dotaux? L'article 1541 répond à cette question par une distinction.

Quant aux biens dont la femme est propriétaire au moment du contrat de mariage, et quant à ses biens à venir, sont dotaux ceux-là seulement qu'elle se constitue en dot. Les mots constitution de dot ne sont pas sacramentels, il suffit que l'intention de la femme soit bien évidente.

Quant aux biens qu'elle acquiert par suite de donations qui lui sont faites dans le contrat de mariage, tous sont dotaux, sauf stipulation contraire.

Ainsi, quant aux biens dont la femme était déjà propriétaire au moment du contrat de mariage, et quant à ses biens à venir, la constitution doit être expresse, tandis qu'elle ne peut être que tacite quant à ceux qui lui sont donnés dans son contrat de mariage. En voici la raison : La donation faite dans un contrat de mariage est évidemment faite dans le but de faciliter un mariage projeté; or, la donation n'atteindrait pas son but, si le mari devait rester complètement étranger aux biens donnés. Il faut donc supposer qu'il a été tacitement entendu entre parties que la jouissance des biens donnés à la femme appartiendrait au mari, pour l'aider à supporter les charges du mariage.

SECTION PREMIÈRE.

De la constitution de la Dot.

Cette Section renferme deux séries de règles : 1° des règles dispositives, soit permissives, soit prohibitives ; 2° des règles interprétatives de la volonté des parties.

§ Ier. — Règles dispositives.

1° Règle dispositive permissive. — La dot, dit l'article 1542, peut comprendre les biens présents et à venir, ou les biens présents seulement, ou une quote-part, comme un tiers, un quart des biens présents et à venir, ou enfin un objet particulier, comme tel immeuble, une créance, un droit d'usufruit appartenant à la femme, sur le bien d'autrui.

Cette énumération n'est pas limitative, mais simplement énonciative, car la loi laisse à cet égard la plus grande latitude à la volonté des parties ; ainsi, bien que le Code ne l'exprime pas d'une manière formelle, la femme peut constituer ses biens à venir seulement ou une quote-part de ses biens présents seulement, ou même une quote-part de ses biens à venir seulement.

Le contrat contenant stipulation du régime dotal, doit déterminer clairement les limites de la fortune dotale et de la fortune paraphernale de la femme ; car le doute s'interprète toujours dans le sens de la paraphernalité.

2° Règle dispositive prohibitive. — La dot ne peut être constituée ni même augmentée pendant le mariage (1543).

Ce principe est une suite de l'immutabilité des conventions matrimoniales ; accroître la dot, c'est changer le contrat de mariage.

Toutefois, cette prohibition n'empêche pas, dans le cas où les biens à venir ont été constitués par la femme, que la survenance de ces biens ne vienne accroître la dot. L'article 1543 défend seulement d'étendre par une convention postérieure au mariage la dotalité à des biens, qui, d'après le contrat de mariage, devaient être paraphernaux.

Une question importante et controversée, qui se rattache à ce paragraphe, est celle de savoir si, dans une donation faite à la femme après son mariage, le donateur peut stipuler, comme condition de sa libéralité, que l'objet donné sera dotal et frappé d'inaliénabilité? Nous répondons négativement avec MM. Troplong, Duranton, Bellot et Benoit : La prohibition de l'article 1543 s'applique à la fois aux biens que les époux se constitueront eux-mêmes, et à ceux qui leur seront donnés. L'inaliénabilité est un privilège exorbitant, que le législateur tolère par faveur pour le contrat de mariage, mais qui ne doit pas être étendu au-delà des termes de la loi.

Mais il serait permis au donateur, dans le cas où d'après le contrat de mariage la dotalité doit s'étendre aux biens à venir, de stipuler que l'objet par lui donné sera aliénable. Le donateur est libre d'apposer à sa libéralité telle condition qu'il lui plaît, lorsque cette condition a pour effet de faire rentrer la chose donnée dans le droit commun, et de la rendre à la libre circulation des biens.

§ II. — Règles interprétatives.

Quelles personnes ont constitué la dot? Sur quels biens sera-t-elle prise?

De nombreuses difficultés s'étaient élevées dans l'ancienne jurisprudence sur la question de savoir dans quelle proportion les époux devaient contribuer au paiement de la dot par eux constituée à leur fille. Le droit romain qui servait de guide en cette matière ne présentait que des doctrines vagues et incertaines. Les rédacteurs du Code Napoléon ont posé des règles plus précises. — Si les père et mère, dit l'article 1544, constituent conjointement une dot, sans distinguer la part de chacun, elle sera censée constituée par portions égales. Il faut ajouter, d'après l'opinion unanime des auteurs, que cette disposition serait applicable, alors même que la dot consisterait en un immeuble propre à l'un des époux, sauf l'action que pourra exercer contre son conjoint celui à qui l'immeuble appartient.

Mais si la dot est constituée par le père seul, elle est entièrement à sa charge : la mère n'est pas engagée, et ce, quand bien même le père aurait exprimé qu'il constituait la dot pour droits paternels et maternels, et que la mère aurait assisté au contrat (1544).

La loi prévoit le cas où l'un des époux serait décédé, et la dot constituée par le survivant pour biens paternels et maternels, sans spécifier les portions. La dot se prendra, dit l'art. 1545, d'abord, sur les droits du futur époux, dans les biens du conjoint prédécédé, et le surplus sur les biens du constituant.

Plusieurs jurisconsultes décident encore que, si le père avait constitué une dot pour droits maternels, et que la succession de l'époux décédé ne fût pas suffisante pour acquitter le montant de la dot, le constituant serait également tenu de parfaire de ses biens paternels ce qui manquerait à la dot. Il a dû connaître les forces de la succession de son conjoint décédé; il pouvait, par conséquent, fixer la dot de sa fille de manière à ce qu'elle n'excédât pas l'actif de cette succession. S'il a agi autrement, c'est qu'il a consenti à fournir de ses deniers paternels ce qui manquerait à la dot.

Enfin, l'art. 1546 dispose que, quoique la fille dotée par ses père et mère ait des biens à elle propres dont ils jouissent, la dot sera prise sur les biens des constituants, s'il n'y a stipulation contraire. En effet, on doit présumer que les parents ont entendu faire une libéralité de leurs propres biens.

Il ne nous reste plus qu'à parler des obligations imposées aux personnes qui ont constitué une dot.

Nous avons dit que la dot pouvait être constituée soit par un tiers, soit par la femme elle-même : mais, quelle que soit la personne qui l'ait constituée, la loi ne distingue pas; la garantie de la dot, et les intérêts, encore qu'il y ait terme pour le paiement du capital, sont dus à compter du mariage, s'il n'y a une convention contraire.

Quand c'est un tiers qui a constitué la dot, garantie est due par le constituant à la femme, et par la femme à son mari; ce dernier peut même, comme cessionnaire des droits de sa femme, atteindre directement le constituant; car elle lui a implicitement cédé, dans la limite des droits de jouissance qu'elle lui a promis sur les biens dotaux, sa propre action en garantie contre le donateur.

DEUXIÈME SECTION.

Des droits du mari sur les Biens dotaux, et de l'inéliabilité du fonds dotal.

Nous examinerons successivement : 1° quels sont les biens dotaux dont la propriété reste à la femme, et ceux dont la propriété passe au mari, qui devient alors débiteur de leur valeur; 2° les droits qu'a le mari sur les biens dont la propriété est restée à la femme; 3° leur inaliénabilité; 4° leur imprescriptibilité; 5° le droit qu'a la femme de demander la séparation des biens.

§ Ier. — *Quels sont les biens dont la propriété reste à la femme? Quels sont ceux dont le mari devient propriétaire, à la charge d'en restituer la valeur?*

La femme conserve la propriété des biens qu'elle s'est constitués en dot, ou qui lui ont été donnés par contrat de mariage; mais, par exception, le mari acquiert la propriété.

1° De toutes choses dotales qui sont fongibles. — Il en est usufruitier, et le quasi-usufruit de ces choses consiste dans le droit de propriété, sous l'obligation de restituer soit le prix d'estimation, si l'estimation a été faite, soit des choses semblables.

2° Des choses mobilières qui ont été estimées et mises à prix par contrat de mariage. — Il arrive alors entre les parties ce qui arrive en matière de vente: le domaine de la chose change de mains. Il passe sur la tête du mari qui peut en disposer de la manière la plus absolue. Mais on peut convenir que l'estimation donnée aux choses mobilières ne vaudra point vente, et qu'elle ne servira qu'à déterminer l'étendue de l'indemnité qui sera due par le mari, si les objets qui lui ont été livrés, périssent ou se détériorent par sa faute.

3° Des immeubles livrés au mari, sur estimation, avec déclaration que l'estimation vaudra vente. — Il faut que cette clause soit clairement énoncée. La loi qui sait que les propriétaires renoncent difficilement à leur patrimoine immobilier n'a pas dû présumer chez la femme l'intention d'en transférer la propriété, si cela n'était l'objet d'une stipulation expresse.

4° De l'immeuble que le mari acquiert pendant le mariage avec l'argent que la femme lui a livré en dot. — Cet immeuble n'est pas dotal, dit l'art. 1553, si la condition d'emploi n'a été stipulée. Le mari peut en disposer comme il disposerait des deniers dotaux qu'il doit restituer à la dissolution du mariage, ou en cas de séparation de biens. Il ne pourrait contraindre la femme, ou ses ayant-droits, d'accepter en remboursement l'immeuble par lui acquis.

Ce que nous venons de dire de la chose achetée avec les deniers dotaux il faut le dire encore de la chose reçue en paiement des deniers dotaux. S'il n'en était ainsi, le principe d'irrévocabilité des conventions matrimoniales serait violé; en effet, d'après le contrat, le mari devait recevoir en dot une somme d'argent dont il aurait eu la pleine disposition; l'immeuble qu'il reçoit à la place doit, par conséquent, être traité comme cette somme d'argent.

§ II. — *Droits qu'a le mari sur les Biens dont la femme est restée propriétaire.*

Le mari a sur ces biens : 1° un droit d'administration, 2° un droit de jouissance.

1° *Droit d'administration.* — Le mari a seul l'administration des biens dotaux pendant le mariage. Sa femme n'a point à intervenir dans cette administration. Le mari est souverain, mais il doit être un souverain équitable et sage, dirigeant ses actes dans un esprit de conservation, d'utilité commune et de progrès; car s'il abusait de son pouvoir, la femme aurait la ressource de la séparation des biens.

En vertu de ses pouvoirs, le mari peut louer et affermer les biens dotaux, toutefois en se conformant aux restrictions mentionnées dans les articles 1429 et 1430 du C. Nap. Il peut et doit ordonner tant les grosses réparations que celles d'entretien. Il ne supporte que ces dernières qui sont considérées comme charges de la jouissance; quant aux premières, indemnité lui est due par la femme à la dissolution du mariage. En outre, il peut poursuivre les débiteurs de la dot, recevoir le remboursement des capitaux, actionner en désistement les détenteurs des immeubles et recevoir les fruits et intérêts de tous les biens dotaux. Possessoire, pétitoire, actions personnelles et réelles, condition ou revendication, tout cela est de son ressort.

2° *Droits de jouissance.* — Le mari, obligé de faire face à toutes les charges du mariage, reçoit, pour l'aider à les supporter, les fruits naturels ou civils des biens dotaux, il les acquiert définitivement et n'en rend aucun compte à sa femme. S'il fait des économies, elles sont pour lui, la femme n'a rien à y prétendre.

Toutefois, ce droit de jouissance peut être restreint par le contrat de mariage, en stipulant que la femme touchera annuellement, sus ses seules quittances, une partie de ses revenus pour son entretien et ses besoins personnels (1549).

Ce droit de jouissance, d'après l'art. 1562, le soumet à toutes les obligations de l'usufruitier, quant aux biens dotaux.

Ainsi, il doit faire dresser un inventaire des meubles et un état des immeubles constitués en dot (art. 600, C. Nap.), à moins que le mobilier dotal ne soit donné par un tiers, puisque dans ce cas l'acte de donation doit être accompagné d'un état estimatif (948, C. Nap.); ou bien que le contrat de mariage ne renferme l'état des meubles et des immeubles dotaux.

Il doit surveiller en bon père de famille les biens dont il a droit de jouir ; s'il n'accomplissait pas ce devoir avec conscience, il serait responsable du défaut d'entretien, de toutes prescriptions acquises contre la femme ; en un mot, de tout dommage résultant de sa négligence.

En outre, il doit payer les contributions, supporter sans recours contre sa femme les réparations d'entretien et toutes autres charges, considérées comme charges de l'usufruit.

Toutefois, ce droit de jouissance diffère sous plusieurs rapports de l'usufruit proprement dit.

Ainsi, le mari n'est pas comme l'usufruitier ordinaire, astreint à donner caution pour la réception de la dot, à moins qu'il n'y ait été assujetti par le contrat de mariage (1550).

Il lui est dû indemnité pour les coupes de bois qu'il n'a point faites et qu'il aurait dû faire. — Il peut se faire restituer toutes les dépenses nécessaires et les dépenses utiles jusqu'à concurrence de la plus-value que l'immeuble dotal a acquise. Enfin, sous ce régime, le mari acquiert jour par jour tant les fruits naturels que les fruits civils.

§ III. — *De l'inaliénabilité de la Dot immobilière.*

L'inaliénabilité de la dot est un principe que nous a transmis la législation romaine. Elle fut consacrée pour la première fois par la loi *Julia de fundo dotali ;* mais cette loi ne prohibait l'aliénation que sur le refus de la femme de consentir à la vente ; ce fut Justinien qui, par la loi *De rei uxoriæ actione* et par ses Institutes, statua qu'à l'avenir le fonds dotal ne pourrait être aliéné par le mari, même avec le consentement de la femme. — Le droit de Justinien a été reproduit par l'art. 1554.

Cet article porte : *Les immeubles constitués en dot ne peuvent être aliénés ou hypothéqués pendant le mariage, ni par le mari, ni par la femme, ni par les deux conjointement, sauf les exceptions dont nous parlerons plus bas.*

Du principe de l'inaliénabilité des biens dotaux, il suit que ces biens ne peuvent pas plus être saisis, qu'ils ne peuvent être hypothéqués, pour les obligations contractées par le mari ou par la femme ou par tous les deux conjointement. Ce caractère d'inaliénabilité ne disparaît même pas après la séparation des biens (C. Cas., 19 août 1849). Néanmoins, il n'atteint pas les biens qui échoient à la femme après la dissolution du mariage (C. Cas., 7 décembre 1842).

Si, malgré la prohibition d'aliéner, la femme ou le mari, ou tous deux conjointement, vendaient l'immeuble dotal, la femme ou ses héritiers auraient le droit de faire révoquer l'aliénation après la dissolution du mariage ou après la séparation des biens, sans qu'on pût leur opposer aucune prescription, résultant du défaut de poursuites durant le mariage (art. 1560).

Le mari lui-même, d'après ce même article, a le droit, nonobstant la garantie qu'il aurait promise à l'acquéreur, de demander la nullité de l'aliénation qu'il a consentie. Cette exception au principe de droit que, *nul ne peut exciper de sa propre faute*, a été établie dans l'intérêt de la femme et des enfants, à l'entretien desquels les fruits de l'immeuble dotal sont spécialement consacrés. *En tant que chef et mari*, dit M. Troplong, *rien ne saurait l'empêcher de faire valoir les intérêts prépondérants de la famille. Il agit en contemplation des intérêts de sa femme, des intérêts du ménage, de la conservation de ce fonds dotal, qui est l'apanage de la famille.*

Toutefois, le mari ne peut intenter cette action en nullité que pendant le mariage. Après sa dissolution, la vente ne peut être rescindée que sur la demande de la femme ou de ses héritiers. Le mari est dépouillé de la qualité de chef du ménage et de cet intérêt collectif, qui faisait pendant son mariage la base de son action. Son rôle de protecteur de droits conjugaux a cessé ; il ne lui reste plus que celui de vendeur, et là se trouve une fin de non-recevoir contre lui.

Du reste, soit que l'action en nullité soit intentée par la femme ou par le mari, ce dernier est responsable vis-à-vis de l'acquéreur de la nullité de la vente et des dommages-intérêts qu'elle peut entraîner, s'il n'a déclaré que le bien vendu était dotal.

Nous venons de voir que la dot immobilière est inaliénable; *la dot mobilière l'est-elle aussi?*

Cette question est fort importante. — En effet, la femme vient à emprunter avec l'autorisation du mari : Si les meubles dotaux sont aliénables, le créancier pourra les saisir; il ne le pourra pas s'ils sont inaliénables.

La femme s'est constitué 10,000 f. en dot; le mari est devenu, en sa qualité d'usufruitier, propriétaire des écus qui lui ont été comptés, et débiteur d'une somme égale, avec hypothèque sur tous ses immeubles, garantissant à la femme la restitution de la dot. La femme peut-elle renoncer à son hypothèque au profit d'un créancier de son mari? Oui, si la dot mobilière est aliénable; non, si elle est inaliénable.

Un grand nombre d'arrêts de Cours impériales ont déclaré, en principe, l'aliénabilité de la dot mobilière; plusieurs auteurs, tels que MM. Troplong, Toullier et Duranton, sont partisans de ce système.

Quant à la Cour de Cassation, elle a constamment jugé que la dot mobilière est inaliénable. (1er février 1819, — 26 mai 1836, 23 déc. 1839).

Néanmoins, l'inaliénabilité de la dot mobilière, qui a seulement pour effet d'empêcher la femme de disposer des droits qui lui sont accordés par la loi contre son mari, pour la conservation de sa dot, n'ôte pas au mari le droit d'administrer les biens dotaux, et, par conséquent, de recevoir le remboursement des capitaux, et d'en disposer, soit par voie d'emploi, soit par voie de cession. Ainsi, est valable la cession faite par le mari d'une créance dotale à un tiers, ou l'aliénation d'une rente faisant partie de la dot. (C. Cas., 1er déc. 1851).

Le principe de l'inaliénabilité du fonds dotal reçoit exception, soit par les conventions des parties, soit en vertu de la loi.

1° *Du cas où l'aliénation est autorisée par contrat de mariage.*

L'aliénabilité de l'immeuble dotal peut résulter, soit d'une stipulation expresse des parties, soit de l'estimation donnée à l'immeuble, avec déclaration expresse que cette estimation a pour effet d'en transporter la propriété au mari.

Mais ces deux cas diffèrent, en ce que, dans le premier, la propriété restant entre les mains de la femme, le bien dotal ne peut être vendu que de son consentement, à moins que le contrat de mariage ne donne au mari le droit d'aliéner; dans le second, la propriété étant transférée au mari, sa volonté seule suffit pour en opérer la vente.

L'aliénabilité du fonds dotal peut être stipulée, soit à charge d'emploi en placements hypothécaires, soit à charge de remploi. Dans ce cas, il n'y a d'exception à la règle de l'inaliénabilité qu'à cette condition. Si elle n'a pas été remplie, la nullité de la vente peut être demandée par la femme après le décès du mari, ou exiger une seconde fois le prix de la vente, sans discussion préalable des biens du mari.

Puisque la loi se montre si rigoureuse contre les acquéreurs des biens dotaux, il ne faut nullement s'étonner que ceux-ci refusent le prix de la vente, jusqu'à ce que les vendeurs aient rempli les conditions prescrites par leur contrat de mariage.

La Cour de Riom a jugé, le 26 juillet 1839, que, lorsque le mari a le pouvoir d'aliéner les biens dotaux, à charge *de remploi en immeubles*, la vente qu'il en fait est nulle, si, au lieu de ce remploi, il se contente de fournir une hypothèque à l'acquéreur pour le montant du prix.

La faculté de vendre le bien dotal, donnée au mari, emporte la faculté d'échanger; mais ce pouvoir donné sans autre ne donne nullement la faculté d'hypothéquer l'immeuble dotal. La femme ne peut pas davantage engager sa dot mobilière, en subrogeant un tiers à son hypothèque légale. Pour cela il faut une autorisation expresse..... Telle est la jurisprudence constante de la Cour de Cassation, approuvée par Duranton, Rodière, Pont et Marcadé.

Enfin, la Cour de Cassation a décidé, le 1er juin 1855, que la clause d'un contrat de mariage qui donne à la femme la faculté d'aliéner et d'hypothéquer ses biens dotaux, emporte la faculté d'aliéner les meubles comme les immeubles, et, par conséquent, de subroger un tiers à l'effet de son hypothèque légale.

2° *Des cas où l'aliénation est autorisée par la loi.*

La femme peut, avec l'autorisation du mari, ou, à son refus, avec permission de justice, donner ses biens dotaux pour l'établissement des enfants qu'elle a eus d'un mariage antérieur; mais, si elle n'est autorisée que par justice, elle doit réserver la jouissance à son mari (art. 1555).

La femme peut aussi, avec l'autorisation du mari, donner ses biens dotaux pour l'établissement de leurs enfants communs. La loi n'ajoute pas ici, comme dans l'article précédent, que, sur le refus du mari, elle pourra recourir à l'autorisation de la justice. C'est qu'en effet, à l'égard des enfants issus d'un premier lit, on peut craindre que le mari ne soit pas animé de bienveillance pour eux; la justice peut être appelée à apprécier le mérite de son refus d'autorisation : mais, outre que cette raison n'existe plus, lorsque ce sont des enfants communs aux deux époux, le père sera investi, à leur égard, de l'autorité paternelle, pleine et entière. Les Tribunaux ne doivent pas en contrarier l'exercice.

L'établissement des enfants, s'entend non-seulement de leur établissement par mariage, mais de tout espèce d'établissement propre à assurer leur existence et leur position sociale.—Un établissement, dit M. Troplong, *c'est tout ce qui assure à un enfant une existence indépendante, une industrie lucrative, un état, une position où il puisse attendre l'avenir.*

La faculté accordée à la femme dotale par l'art. 1556 de donner ses biens dotaux pour l'établissement des enfants communs comprend la faculté de les hypothéquer pour le même objet, et de subroger à son hypothèque légale. MM. Grenier et Duranton partagent cette opinion ; du reste, la Cour de Cassation l'a ainsi décidé le 1er avril 1845.

L'immeuble dotal peut encore être aliéné avec permission de justice et aux enchères, après trois affiches : 1° pour tirer de prison le mari ou la femme, pourvu qu'il s'agisse d'un emprisonnement pour dettes ; 2° pour fournir des aliments à la famille, dans les cas prévus par les articles 203, 205 et 206, au titre de mariage ; 3° pour payer les dettes de la femme, ou de ceux qui ont constitué une dot, lorsque ces dettes ont une date certaine, antérieure au contrat de mariage.

Que le créancier puisse saisir les biens de sa femme, ou qu'il ne le puisse point, la règle s'applique à tous les cas. C'est surtout pour ce dernier qu'elle est utile, puisque, dans le cas contraire, le créancier aurait toujours pu obtenir son paiement, quoique cette disposition n'eût pas existé.

Mais, s'il s'agit de simples créances chirographaires, soit du chef du constituant, soit du chef de la femme, la vente du bien dotal ne peut être permise qu'après discussion des biens paraphernaux.

4° Pour faire de grosses réparations indispensables pour la conservation de l'immeuble dotal. — L'autorisation d'aliéner ne doit être accordée qu'autant que le mari et la femme n'ont pas d'autres ressources pour faire face à cette dépense.

Enfin, lorsque cet immeuble se trouve indivis avec des tiers, et qu'il est reconnu impartageable.

Dans tous les cas que nous venons d'énumérer, l'excédant du prix de la vente, au-dessus des besoins reconnus, restera dotal, et il en sera fait emploi, comme tel, au profit de la femme. La justice peut donc exiger que l'acquéreur garde le prix, ou le dépose à la Caisse des Dépôts et Consignations jusqu'à ce qu'un emploi ait été arrêté.

Toutes les fois que la justice peut autoriser l'aliénation, elle peut à fortiori autoriser un emprunt avec hypothèque sur l'immeuble dotal; car cette manière d'opérer est souvent plus utile que l'aliénation.

L'échange étant un acte d'aliénation, il en résulte que l'immeuble dotal ne peut, en principe, être échangé ; mais cette règle a été modifiée par l'art. 1559, et l'échange est permis dans les conditions suivantes :

Il faut 1° que l'utilité de l'échange soit justifiée; 2° que l'immeuble destiné à remplacer l'immeuble dotal soit de la même valeur que ce dernier, ou tout au moins que cette valeur ne soit pas au-dessous des quatre cinquièmes; 3° que la femme y donne son adhésion.

L'existence des deux premières conditions doit être établie en justice, au moyen de vérifications faites par des experts nommés d'office par le Tribunal.

L'immeuble reçu en contre-échange devient dotal de plein droit; il en est de même de la soulte qui peut être due à la femme.

La loi du 2 Juillet 1862 a modifié le système que nous venons d'exposer sur l'inaliénabilité du fonds dotal. L'article 46, titre 4 de cette loi, porte : *les sommes dont le placement ou le remploi en immeubles est prescrit ou autorisé par la loi, par un jugement, par un contrat, ou par une disposition, à titre gratuit, entre-vifs ou testamentaire, peuvent être employées en rentes trois pour cent de la dette française, à moins de clause contraire.*

Dans ce cas, et, sur la réquisition des parties, l'immatricule de ces rentes au grand-livre de la dette publique en indique l'affectation spéciale.

Cette disposition est d'une haute importance pour les notaires et pour les femmes. Elle met fin à la controverse qui existait sur la validité du remploi en rentes sur l'État, des sommes dont l'emploi ou le remploi en immeubles était prescrit par la loi ou par le contrat. En présence de la loi nouvelle, la décision des Tribunaux ne présente plus aucune difficulté, en matière de régime dotal pur et simple.

Néanmoins, la restriction apportée dans la loi, par ces mots à moins de clause contraire, donne lieu à une interprétation difficile du sens de l'acte qui a prescrit le remploi. Ce ne sera donc qu'avec une très-grande circonspection qu'il pourra être fait usage du remploi en rentes trois pour cent. La responsabilité énorme qu'entraîne l'obligation du remploi devra engager ceux qui seront chargés de le surveiller à soumettre les questions douteuses aux Tribunaux, au lieu de s'en rapporter à leur appréciation.

§ IV. — *De l'imprescriptibilité du Fonds dotal.*

Aux termes de l'art. 1561, les immeubles dotaux, non déclarés aliénables par le contrat de mariage, sont imprescriptibles pendant le mariage, à moins que la prescription n'ait commencé avant; car la prescription commencée avant continue de courir pendant le mariage. L'inaliénabilité qui vient frapper l'immeuble dotal possédé par un tiers n'interrompt ni ne suspend le cours de la prescription commencée à l'époque où il n'était pas aliénable. La loi a considéré la convention dotale, à l'égard du tiers possesseur, comme *res inter alios acta,* ne pouvant nullement lui préjudicier.

Les immeubles dotaux deviennent néanmoins prescriptibles après la séparation de biens, quelle que soit l'époque à laquelle la prescription ait commencé. Ce principe qui paraît avoir modifié le dernier alinéa de l'art. 1560 doit être entendu avec un certain tempérament que voici :

1° La prescription ne court pas contre la femme pendant le mariage, même après la séparation de biens, toutes les fois que l'action qui lui appartient, est de telle nature que, si elle l'exerçait contre le tiers-possesseur, son mari aurait personnellement à en souffrir. (Cas où le mari a seul vendu l'immeuble. — Art. 2256 2°).

2° L'action qu'a la femme pour attaquer les actes qu'elle a faits sans l'autorisation de son mari, ne devient prescriptible qu'à compter du jour de la dissolution du mariage (art. 1304); car la femme, même séparée, n'oserait pas demander la nullité d'un acte qu'elle aurait fait à l'insu de son mari.

§ V. — *De la Séparation de Biens.*

Sous le régime dont nous nous occupons, la dot même immobilière, quoique inaliénable, peut être mise en péril : par exemple, si le mari néglige de faire les réparations nécessaires, ou s'il détériore l'immeuble dotal. Aussi, la femme peut, comme sous tout autre régime, obtenir la séparation de biens; alors elle reprend la jouissance des biens dotaux, et l'exercice des actions qui les concernent. Par la séparation, ces biens deviennent prescriptibles; mais ils n'en sont pas moins inaliénables.

TROISIÈME SECTION.

De la Restitution de la Dot.

La dot n'étant remise au mari que pour l'aider à supporter les charges du mariage, doit être restituée, soit lorsque le mariage a cessé d'exister, soit, comme nous l'avons déjà vu, lorsqu'il a été constaté, par un jugement de séparation de biens ou de corps, que le mari, loin de consacrer les biens dotaux aux besoins de la famille, les mettait en péril par sa mauvaise gestion, soit enfin lorsque l'absence du mari ou de la femme a été déclarée.

La dot doit être restituée à la femme, si elle survit; à ses héritiers, si elle prédécède; quelquefois même au constituant, quand cela a été expressément déclaré.

Les objets qui doivent être restitués diffèrent, selon que le mari est débiteur de corps certains ou de leur valeur. Si la femme est restée propriétaire des objets constitués en dot, le mari est tenu de les rendre en nature, dans l'état où ils se trouvent au moment où naît l'obligation de les rendre. S'ils sont détériorés, c'est à lui de prouver l'existence d'un cas fortuit, ou bien indemnité est due à la femme par lui ou sa succession. — Lorsque la dot comprend des obligations ou constitutions de rente, qui ont péri ou souffert des retranchements qu'on ne puisse imputer à la négligence du mari, ou bien un droit d'usufruit, la seule obligation imposée au mari est de restituer les contrats qui établissaient les droits de la femme.

Au contraire, si le mari est devenu propriétaire des objets constitués en dot, sous obligation de payer soit le prix d'estimation, soit des choses semblables, si ce sont des choses fongibles non estimées, il est débiteur de sommes d'argent, ou de la même quantité qui lui a été livrée.

Néanmoins, ajoute l'art. 1566, la femme pourra, dans tous les cas, retirer les linges et hardes à son usage actuel. Elle sera seulement tenue de précompter leur valeur, lorsque les linges et hardes auront été primitivement constitués avec estimation. La loi veut même que, si le trousseau qu'elle retire est supérieur en valeur au prix d'estimation du trousseau constitué, elle ne doive aucun compte de la différence. Elle considère cet excédant comme un cadeau offert par le mari.

A quel moment le mari est-il tenu de restituer la dot? — Si le mari doit des corps certains, meubles ou immeubles, l'obligation de les restituer est exigible dès qu'elle est née. S'il doit une somme d'argent ou toute autre quantité, la restitution n'en peut être exigée qu'un an après.

En admettant ce système, les rédacteurs du Code ont pensé que les corps certains, s'ils n'avaient pas péri par cas fortuit ou par la faute du mari, étaient en sa possession quand naissait l'obligation de les restituer. Aussi n'ont-ils pas, dans ce cas, accordé de délai; dans le second cas, au contraire, le mari peut très-bien ne pas être en possession des sommes ou quantités dont il est débiteur. Un certain temps lui est nécessaire pour les procurer; de là le terme d'un an.

Le mari ne peut être tenu à la restitution de la dot, qu'autant qu'il l'a reçue. La preuve qu'elle lui a été remise doit donc avant tout être établie.

A l'égard des effets mobiliers apportés par la femme au moment du mariage, ou qui lui sont échus pendant sa durée, la preuve de leur existence doit résulter de l'inventaire que le mari est tenu d'en faire dresser comme usufruitier. S'il n'y a point d'inventaire, la femme peut faire preuve, tant par titres que par témoins, et même par commune renommée, de la consistance des meubles par elle apportés, conformément aux art. 1415 et 1504 du C. N.

Le paiement de la dot peut aussi être prouvé par la quittance ou reconnaissance du mari. Enfin, la loi fait, dans certains cas, résulter le paiement de la dot d'une simple présomption. Si le mariage, dit l'art. 1569, a duré dix ans depuis l'échéance des termes pris pour le paiement de la dot, la femme ou ses héritiers pourront la répéter contre lui, après la dissolution du mariage, sans être tenus de prouver qu'il l'a reçue, à moins qu'il ne justifie de diligences inutilement faites pour s'en procurer le paiement, ou qu'il prouve que le débiteur de la dot était insolvable à l'époque où elle est devenue exigible.

Droit de la femme aux intérêts de la dot. — Droit d'habitation et de deuil.

Lorsque le mariage est dissous par la mort de la femme, les intérêts et fruits sont dus à ses héritiers jusqu'à la restitution. Lorsque c'est le décès du mari qui amène la dissolution du mariage, la femme peut, à son choix, exiger le paiement des intérêts de la dot, ou se faire fournir des aliments, aux dépens de la succession du mari, pendant l'année de deuil. L'article 1570 du C. N., qui laisse à la femme le droit d'exiger les intérêts de sa dot ou des aliments, n'entend point limiter la quotité de ces aliments aux intérêts de la dot, ou aux besoins rigoureux de la femme; les Tribunaux ont la faculté de les fixer d'après la fortune et le rang des époux.

En sus des intérêts de la dot ou des aliments, la veuve a encore le droit de demander à la succession de son mari son habitation pendant l'année de deuil et les habits de ce deuil. Ce droit n'appartient point à ses héritiers.

Partage des fruits des immeubles dotaux.

A la dissolution du mariage, le mari et la femme ou leurs héritiers se partagent les fruits des immeubles dotaux, à proportion du temps que le mariage a duré, sans distinction des fruits civils et naturels. L'année commence à partir du jour où le mariage a été célébré.

Ainsi, par exemple, si le mariage a été célébré le 1er février 1821, et a été dissous par le décès de la femme le 1er août 1831, il aura duré dix ans et six mois, le mari aura droit, en conséquence, aux fruits des immeubles dotaux, recueillis depuis dix ans, depuis le 1er février 1821 jusqu'au 1er février 1831, plus à la moitié des fruits recueillis durant la dernière année.

Cette disposition est fort sage. Le mari perçoit les revenus des biens dotaux, à la charge de pourvoir aux dépenses du ménage. Donc, si les dépenses cessent dans le courant d'une année, le mari n'a le droit aux revenus que pour une quotité proportionnelle au temps qu'ont duré les dépenses de cette année.

Pour la restitution de la dot, la femme n'a point de privilège, ses droits sont sauvegardés par une hypothèque sur tous les biens présents et à venir du mari.

Avant de terminer cet aperçu sur le régime dotal, nous nous demanderons si la dot doit être rapportée lorsque la femme succède au constituant. Cette question se résout par une distinction. Si la fille épouse un homme déjà insolvable, lors de la constitution de la dot, n'ayant ni métier, ni profession qui puisse lui tenir lieu de biens, elle n'est obligée de rapporter à la succession du constituant que l'action qu'elle a contre son mari pour la restitution de la dot. Mais si le mari n'est devenu insolvable que depuis la constitution, ou si, à cette époque, il avait un métier ou profession, la perte de la dot tombe uniquement sur la femme.

QUATRIÈME SECTION.

Des Biens paraphernaux.

Les biens paraphernaux ou extrà-dotaux sont les biens que la femme ne s'est pas constitués en dot, soit qu'elle en fût propriétaire à l'époque du mariage, soit qu'elle les ait recueillis depuis.

Si la femme ne s'est constitué aucun bien en dot, et si, dans le contrat de mariage, il n'y a pas de convention pour lui faire supporter les charges du mariage, elle doit y contribuer jusqu'à concurrence du tiers de ses revenus.

La femme a l'administration et la jouissance de ses biens paraphernaux; mais elle ne peut les aliéner, ni paraître en jugement à raison desdits biens, sans l'autorisation de son mari, ou, à son refus, sans la permission de justice.

Bien que la femme ait l'administration des paraphernaux, l'emploi des revenus de ces biens consacrés aux besoins du ménage doit être confié au mari. Chef de la famille, c'est à lui seul qu'appartient le droit d'en régler et d'en payer les dépenses.

Si la femme donne procuration au mari pour administrer ses biens paraphernaux, avec charge de lui rendre compte des fruits, il sera tenu vis-à-vis d'elle comme tout mandataire. Mais, si le mari a joui des biens paraphernaux de sa femme, sans mandat, et, néanmoins, sans opposition de sa part, il ne sera tenu à la dissolution du mariage, ou à la première demande de la femme, qu'à la représentation des fruits existants, sans être comptable de ceux consommés jusqu'alors, tandis qu'il sera comptable envers elle de tous les fruits, tant existants que consommés, s'il a joui de ces biens, malgré son opposition constatée. Quand le mari jouit des biens paraphernaux, il est tenu de toutes les obligations de l'usufruitier. L'art. 1580 reproduit ici en ce qui concerne les paraphernaux les principes de la responsabilité imposée au mari, en ce qui concerne les biens dotaux.

DISPOSITIONS PARTICULIÈRES.

Le régime dotal a ses avantages et ses inconvénients. Il protège puissamment la femme. Il assure la restitution de sa dot, et, par suite, l'avenir des enfants, voilà son bon côté. Mais la femme n'est pas associée aux bénéfices résultant d'une conduite sage et d'une économie bien entendue, elle n'est donc pas engagée à joindre ses efforts à ceux de son mari, voilà son mauvais côté.

La loi, prévoyant cet inconvénient, permet d'y remédier en alliant au régime dotal un régime de communauté réduite aux acquêts. Le premier assure la restitution de la dot et l'avenir des enfants; le second stimule la femme à bien faire, en l'associant à la prospérité du ménage.

Les effets de cette communauté sont réglés par les dispositions des art. 1498 et 1499 du Code Napoléon.

QUESTIONS.

I. — La dot constituée en fraude des créanciers du constituant peut-elle être révoquée, nonobstant la bonne foi des époux? — Controverse.

II. — Le partage des biens dotaux, régulièrement consenti par la femme, peut-il être fait à l'amiable? — Oui.

III. — La femme, qui s'est constitué en dot tous ses biens présents et à venir, peut-elle, même avec le consentement de son mari, répudier une succession à elle échue? — Non.

IV. — Si la femme n'a point apporté de dot, lui est-il dû des aliments par la succession du mari? — Non.

CODE DE COMMERCE.

De l'Acceptation de la Lettre de Change
(Art 118 à 128, C. Comm.)

De l'Aval
(Art. 141 et 142.)

L'usage immémorial du commerce a fait considérer le tireur comme obligé de plein droit à garantir l'acceptation de celui sur qui la lettre de change est tirée. Par une conséquence nécessaire, le donneur de valeur, ou preneur de la lettre, devient, par la cession qu'il en fait par voie d'endossement régulier, tenu comme garant de la même obligation envers son cessionnaire, et ainsi de suite. (C. Comm., 118).

L'acceptation d'une lettre de change est l'engagement que prend le tiré d'en effectuer le paiement à l'échéance; elle donne au preneur un nouveau débiteur, qui devient même le débiteur direct et principal de la traite. Il importe, pour la facilité de la circulation de la lettre de change, que l'on soit certain d'avance qu'elle sera acquittée à son échéance au lieu convenu; c'est pour ce motif qu'on a donné au propriétaire de la lettre le droit d'exiger l'acceptation, et imposé, par conséquent, au tireur l'obligation de la lui procurer.

En requérant l'acceptation de la lettre de change avant l'échéance, le porteur ne fait qu'user de son droit; il est maître de la requérir du tiré ou de ne pas la requérir : en général, rien ne l'y oblige que son intérêt.

Toutefois, il existe un cas où la loi exige que le porteur requière l'acceptation; c'est lorsque la lettre est payable à tant de jours ou de mois de vue. Alors, en effet, le tireur se trouverait obligé pendant un temps indéfini, si un délai n'était imposé au porteur. Ce délai, qui varie suivant les distances, est fixé par l'art. 160 du C. Comm.

Sauf les cas prévus par l'art. 160, l'acceptation peut être requise en tout temps, même la veille de l'échéance. Le droit de la demander se confond aussi avec celui de demander le paiement, lorsque la lettre est payable à vue. Dès qu'on la présente le tiré doit la payer.

Le porteur peut la requérir lui-même, ou la faire demander par toute autre personne qu'il en aurait chargée en lui remettant son titre : enfin, quel que soit le lieu où la lettre soit payable, il faut toujours requérir l'acceptation au domicile du tiré.

Le contrat qui intervient entre le tireur et le tiré est un vrai contrat de mandat, par lequel le tiré s'engage à payer le montant de la lettre. Mais cet engagement de la part de ce dernier n'existe, comme dans tout mandat, que lorsqu'il est accepté. Or, le tiré qui ne s'est pas engagé vis-à-vis du tireur est libre de donner ou de refuser son acceptation. Toutefois, s'il s'est engagé à accepter, il ne peut rompre son engagement, sans être tenu à des dommages-intérêts, conformément à l'art. 1382, C. N.

A cette matière se rattache une question qui divise les auteurs. On se demande si, lorsque le tiré est débiteur du tireur d'une somme liquide et exigible lors de l'échéance de la lettre et au moins égale au montant de la lettre de change, le tiré peut être condamné à des dommages-intérêts, faute d'avoir accepté?

Généralement on décide qu'il n'est pas obligé d'accepter, soit que le tiré ne soit ni commerçant, ni obligé pour dette commerciale, soit qu'il soit commerçant ou obligé pour dette commerciale. Dans le premier cas, on raisonne ainsi : le tiré ne peut être forcé de convertir, par suite de son acceptation, une dette civile en une obligation commerciale, et de rendre ainsi sa position pire, puisqu'il serait soumis à la juridiction commerciale, et par conséquent à la contrainte par corps.

Dans le second, on dit : le tiré, même commerçant ou obligé pour dette commerciale, est libre de donner ou de refuser son acceptation, et il ne peut être, pour son refus, condamné à des dommages-intérêts envers le tireur. L'acceptation, en effet, ôte à l'accepteur l'avantage de recourir à l'indulgence des juges pour obtenir un délai de grâce, les juges n'en pouvant pas accorder en matière de lettre de change. De plus, le défaut de paiement de cette lettre peut le distraire des juges devant lesquels il aurait été traduit, si une simple action eût été dirigée contre lui.

Pour donner ou refuser l'acceptation, la loi accorde au tiré vingt-quatre heures, à partir de la présentation ou de la remise du titre. Après ce délai, la lettre de change doit être rendue, acceptée ou non, à peine de dommages-intérêts envers le porteur. Pendant ces vingt-quatre heures, le tiré a le temps de recevoir la lettre d'avis du tireur, et aussi de vérifier son compte avec lui. S'il s'aperçoit qu'il a accepté par erreur, il lui est permis de biffer son acceptation avant de rendre la traite, puisque le contrat ne se forme que par cette remise; mais il ne le peut plus, s'il a informé le tireur de son acceptation, car alors le contrat est également formé.

Formes de l'Acceptation.

L'acceptation doit être écrite. La loi paraît décider que l'acceptation verbale ne suffirait pas pour obliger l'accepteur, en exigeant une seconde condition qui suppose nécessairement l'existence de la première, celle de la signature de l'accepteur.

Le tiré fait précéder sa signature du mot accepté, et ce mot seul constitue pour lui l'obligation de payer.

L'acceptation d'une lettre de change payable à jour fixe n'a pas besoin d'être datée. La loi ne prescrit la date que dans le cas où la lettre est payable après un certain temps de vue, parce que c'est le moyen de fixer l'échéance. Ainsi, une lettre est tirée le premier avril mil huit cent soixante-trois, à vingt jours de vue, elle est présentée à l'acceptation le dix-neuf avril; si l'acceptation est datée, l'échéance aura lieu le neuf mai; si l'acceptation n'a pas de date, les vingt jours courent du lendemain de la date de la lettre, et le vingt-un avril sera le jour de l'échéance.

Quelques auteurs soutiennent que l'acceptation peut être donnée par acte séparé; d'autres prétendent qu'elle doit toujours être écrite sur la lettre de change elle-même. C'est cette dernière opinion que nous adoptons.

En effet, depuis la promulgation du Code de Commerce il n'y a qu'un cas où l'on admette qu'une signature peut être donnée par acte séparé, en matière de lettre de change, c'est le cas de l'aval (art. 142); cette exception a pour but d'empêcher qu'il ne soit porté atteinte au crédit du débiteur principal : le législateur, en ne donnant pas la même faculté quand il s'agit de l'acceptation, l'interdit par cela même. Ainsi, l'acceptation qui n'est pas donnée sur la lettre de change ne vaut que comme simple promesse, et cette promesse ne suffit pas pour lier le tireur vis-à-vis du porteur.

Une lettre de change peut être payable dans un autre lieu que celui de le résidence du tiré. Si le tireur n'a pas indiqué dans la lettre le domicile où elle est payable; si, par exemple, la lettre, au lieu d'être payable à Paris, lieu de la résidence du tiré, doit être payée à Versailles, sans qu'il soit dit dans quel domicile, l'acceptation doit désigner ce domicile; le porteur pourrait refuser comme incomplète l'acceptation qui ne contiendrait pas cette indication.

L'acceptation doit être pure et simple. Le porteur est en droit de refuser une acceptation faite sous condition que le tireur fera provision à l'échéance, ou bien celle qui changerait le terme de l'échéance, etc... Toutefois, il ne lui est point permis de refuser l'acceptation pour une somme inférieure à celle portée dans la lettre, car aucun texte de loi n'oblige le tiré à accepter une lettre de change, et l'art. 124, 1er alinéa, C. C., lui permet d'accepter pour une somme restreinte.

De cette disposition de la loi, il n'en résulte pour le porteur aucun préjudice. Il peut faire protester la lettre de change pour le surplus, et obtenir du tireur et des endosseurs caution que ce surplus sera payé à l'échéance, dans la même place sur laquelle la lettre a été tirée.

Après l'acceptation du tiré, la première obligation du tireur et des endosseurs envers le porteur est remplie. Il ne lui reste plus qu'à faire acquitter le montant de la lettre. Or, ainsi que nous l'avons déjà dit, l'effet de l'acceptation étant de rendre le tiré qui l'a donnée débiteur direct du montant de la lettre de change et le tireur et les endosseurs garants solidaires du paiement, c'est au tiré lui-même que le porteur doit s'adresser pour avoir le paiement.

L'acceptation une fois faite est irrévocable. L'accepteur ne peut jamais se faire restituer contre son obligation. La faillite du tireur, antérieure à l'acceptation, n'est pas même une cause de restitution contre l'accepteur. Il a à se reprocher une certaine négligence, en ne prenant pas, avant d'accepter, les renseignements nécessaires sur la situation du tireur; il doit en subir les conséquences.

Si, au contraire, le tiré refuse d'accepter purement et simplement, le porteur peut faire constater ce refus par un acte extra-judicaire qu'on appelle *protêt faute d'acceptation*. Il a le droit de recourir ensuite contre le tireur et les endosseurs, pour leur demander caution, qui assure le paiement de la lettre de change à son échéance. Cette mesure est fort juste : le porteur comptait sur la garantie résultant de l'acceptation du tiré, il doit en trouver une pareille chez les personnes qui l'avaient promise.

Toutefois, il n'est pas en droit d'exiger une caution de chaque signataire; il peut en obtenir une du tireur ou de celui des endosseurs qu'il voudra choisir; mais lorsqu'il l'a reçue, si elle est jugée valable, il n'a plus rien à demander.

Le tireur et les endosseurs sont respectivement tenus de donner caution. En s'exprimant ainsi, la loi veut dire que chaque signataire peut exercer son recours contre l'autre. Ainsi, faute d'acceptation, le porteur assigne le dernier endosseur, et en obtient caution; cet endosseur peut, à son tour, assigner le précédent, et en obtenir caution, et ainsi de suite.

Au lieu d'une caution, celui auquel le porteur s'adresse peut effectuer le remboursement du montant de la lettre, avec les frais de protêt et de rechange, s'il y a lieu.

De l'Acceptation par intervention.

Nous avons dit que, sur le refus du tiré, le porteur peut faire protester, et exercer ensuite son recours contre le tireur et les endosseurs; or, comme le refus d'accepter est assez fréquent, pour empêcher les poursuites et les frais, on a introduit l'usage de l'acceptation par intervention, qu'on appelle aussi *acceptation par honneur ou sous protêt.*

La loi exige que l'acceptation par intervention soit précédée du protêt faute d'acceptation, parce que c'est alors seulement que le refus du tiré est devenu certain. Cette acceptation peut être faite par toute personne qui n'est pas déjà tenue comme signataire de la lettre de change, en d'autres termes, qui est étrangère à la lettre tirée; tel est le sens du mot tiers dans l'art. 126. Ainsi, ni le tireur, ni les endosseurs ne peuvent accepter par intervention.

Le tiré le peut au contraire; car il peut ne pas lui convenir d'accepter pour le tireur, et avoir l'intention, selon les expressions du Commerce, d'honorer la signature de l'un des endosseurs, ou bien encore il peut avoir entre ses mains des fonds appartenant à l'un des endosseurs. Quelques auteurs soutiennent que, dans ce cas, un protêt est inutile, et que le refus d'accepter de la part du tiré est suffisamment constaté par ces mots: *accepté pour tel endosseur.*

Les signataires de la lettre de change indiquent souvent des tiers pour accepter, ou pour payer en cas de refus du tiré, afin d'éviter des frais qui portent atteinte au crédit des commerçants. Ces personnes qu'on appelle recommandataires, ou indiquées au besoin, doivent toujours être préférées aux autres; mais, si plusieurs intervenants se présentent, sans mandat ni indication, on décide généralement que celui qui opère le plus de libération doit être préféré. Si l'intervenant n'indique pas celui pour qui il accepte, l'acceptation est réputée faite pour tous les débiteurs.

L'intervention, d'après l'art. 126, est mentionnée dans l'acte de protêt qui a constaté le refus de l'acceptation ; elle est signée par l'intervenant. On se demande si ce dernier doit signer dans l'acte de protêt, ou bien sur la lettre même. Les auteurs ne sont pas d'accord là-dessus. Toutefois, nous pensons que c'est sur la lettre de change que la signature doit être mise par analogie de l'acceptation émanant du tiré.

L'intervenant est obligé de notifier, dans le plus bref délai, son intervention à celui pour qui il est intervenu, afin que ce dernier puisse prendre ses mesures, et sauvegarder ses intérêts. Si c'est le tireur, il n'enverra pas la provision au tiré qui a refusé d'accepter, ou bien il retirera celle dont il l'a nanti. Pour cette notification aucun délai n'est prescrit; les juges auront à apprécier si le tiers intervenant s'est rendu passible de dommages-intérêts.

Nonobstant toutes acceptations par intervention, dit l'art. 128, le porteur de la lettre conserve tous ses droits contre le tireur et les endosseurs, à raison du défaut d'acceptation de la part du tiré. On peut dès lors se demander si l'acceptation par intervention est tout-à-fait inutile? Nous répondons que cette acceptation est fort utile et sert souvent à empêcher les poursuites. En effet, après le refus du tiré, le porteur serait en droit d'exiger une caution solvable; si l'intervenant est lui-même solvable, le porteur ne poursuivra plus. D'ailleurs, s'il persistait à exercer son recours contre les signataires, ces derniers pourraient repousser sa demande, en justifiant que celui qui a accepté par intervention a la responsabilité suffisante pour être caution en matière commerciale.

De l'Aval.

Indépendamment de l'acceptation et de l'endossement, le paiement d'une lettre de change peut être garantie par un aval.

L'aval est une espèce de cautionnement qui a lieu souvent à la suite des effets de commerce. Ce terme vient de ce que les commerçants écrivaient autrefois sur les effets négociables, pour exprimer leur garantie, les deux mots abrégés : *à val,* signifiant à valoir, dont plus tard l'usage commercial n'a fait qu'un seul mot : *aval.*

Cette garantie est fournie par un tiers, c'est-à-dire par une personne qui n'est ni souscripteur, ni tireur, ni tiré, ni endosseur, mais simplement caution du paiement de la lettre de change, pour toutes parties ou l'une d'elles. Elle se donne le plus souvent sur l'effet, et par ces mots : *pour aval,* avec la signature de celui qui le souscrit; on décide même que la simple signature sur la lettre, de la part de celui qui veut consentir un aval, est suffisante.

Elle peut aussi être donnée par acte séparé; c'est ce qui a lieu lorsqu'on ne veut pas nuire à la facile transmission du billet, en faisant supposer que quelqu'une des signatures a besoin d'une garantie (art. 142). Au reste, l'aval peut avoir lieu par acte authentique, ou par acte sous seing-privé, même par une lettre missive (C. Riom, 19 Juin 1849).

Le donneur d'aval est tenu, comme les autres signataires, solidairement envers le porteur, au paiement de la lettre de change. De là il résulte qu'il ne jouit pas, comme une caution ordinaire, du bénéfice de discussion, pas plus que de celui de division. Il est aussi tenu par les mêmes voies que le tireur et les endosseurs; comme eux, il est soumis à la juridiction commerciale : que l'aval soit donné sur la lettre, ou par acte séparé.

Toutefois, celui qui donne un aval peut modifier par une stipulation spéciale les effets de son engagement. Ainsi, par exemple, il ne peut donner cette garantie que sous la condition qu'il ne sera pas soumis à la contrainte par corps, ou bien qu'il ne sera pas obligé solidairement, etc. Cela résulte des derniers mots de l'art 142 : *sauf les conventions différentes des parties.*

Pour que l'aval produise les effets dont nous avons parlé plus haut, il faut que celui qui l'a souscrit ait la capacité nécessaire pour faire le commerce. Si, par exemple, un aval était souscrit par une femme non marchande publique, il ne vaudrait à son égard que comme simple promesse.

Nous ajoutons, enfin, que le donneur d'aval peut opposer au créancier toutes les exceptions qui appartiennent à celui qu'il a cautionné. S'il a cautionné le tireur, par exemple, il peut opposer l'existence de la provision, comme le tireur le pourrait lui-même.

QUESTIONS.

I. — Le tireur peut-il imposer au preneur l'obligation de requérir l'acceptation? — Oui.

II. — Les effets de l'acceptation par intervention sont-ils les mêmes que ceux produits par l'acceptation directe du tiré? — Non.

III. — Quelle différence y a-t-il entre l'aval et l'endossement?

IV. — Le donneur d'aval est-il subrogé aux droits du porteur qu'il a payé?

DROIT ADMINISTRATIF.

De la Juridiction administrative
gracieuse et contentieuse en matière d'alignement.

L'alignement peut être défini un acte par lequel l'Administration détermine, pour chaque riverain de la voie publique, la ligne sur laquelle il peut établir le long de cette voie des constructions, plantations ou clôtures.

Les propriétaires sont tenus, à cet égard, de se conformer rigoureusement aux prescriptions de l'Autorité : la loi ne leur permet ni d'avancer au-delà de la ligne fixée, il y aurait empiètement et par suite rétrécissement de la voie publique, ni de rester en deçà; il en résulterait des enfoncements qui, dangereux au point de vue de la salubrité et de la scurité des citoyens, détruiraient encore la régularité des constructions.

D'après l'arrêt du Conseil, du 27 février 1765, confirmé par la loi des 19 et 22 juillet 1791, nul ne peut construire, reconstruire ou réparer aucun édifice bordant une route entretenue aux frais de l'Etat, sans avoir obtenu de l'Autorité compétente la délivrance de l'alignement, c'est-à-dire la constatation régulière des limites de la voie publique et la permission de bâtir. La pénalité encourue, en cas de contravention, s'applique aux propriétaires, aux locataires, aux entrepreneurs, maçons et autres ouvriers.

L'obligation de demander l'alignement existe tant en matière de grande voirie qu'en matière de petite voirie, et, sauf ce qui concerne la compétence, les observations qui précèdent sont communes aux routes, aux rues des villes, bourgs et villages.

Nous sommes loin de contester l'utilité et la nécessité du droit de dresser les alignements, dont le pouvoir exécutif a dû être investi par l'ancienne législation comme par la nouvelle; mais, avant d'entrer dans les détails, nous nous permettrons de dire que les résultats de l'exercice de ce droit sont si graves que les caractères du contentieux nous semblent être incontestables. D'un acte administratif il peut résulter, en effet, que les habitants n'auront plus le droit de bâtir sur leurs propriétés, qu'ils seront forcés ou d'abandonner une partie de leur terrain à la voie publique, ou d'acheter une portion de terrain qui ne leur appartient plus, ou de se soumettre à une servitude de reculement qui les placera dans l'impossibilité de réparer leurs propriétés.

Grande Voirie.

Les Préfets, sur l'avis des Ingénieurs des Ponts-et-Chaussées, sont seuls compétents pour délivrer l'alignement et la permission de bâtir aux propriétaires riverains des routes impériales et départementales et des rues qui sont la continuation de ces routes, dans la traverse des villes, bourgs et villages.

Nous devons seulement remarquer que, lorsque ces rues sont traversées par des routes qui n'occupent pas toute leur largeur, c'est au Maire et non au Préfet qu'il appartient de délivrer l'alignement : dans ce cas, le Préfet et l'administration des Ponts-et-Chaussées doivent se borner à déterminer les limites de la route, et renvoyer à l'Autorité municipale les demandes d'alignement, formées par les propriétaires des maisons situées au-delà de ces limites.

Il n'appartient qu'à l'Empereur de déterminer les rues qui, dans l'intérieur des villes, bourgs et villages, font partie des grandes routes qui les traversent. Les décrets qui interviennent à cet effet ne sont pas susceptibles d'être attaqués par la voie contentieuse.

Les Préfets, en délivrant les alignements, doivent se conformer aux plans généraux d'alignement, s'il en a été dressé; dans le cas contraire, ils délivrent des alignements provisoires. Toutes les décisions des Préfets, en cette matière, peuvent être déférées au Ministre des Travaux Publics. Mais les réclamations dirigées contre un alignement provisoire, délivré en l'absence de plan général, ne peuvent être formées que par la voie administrative, tandis que celles qui sont relatives à l'application individuelle des plans généraux d'alignement ou à la délivrance d'un alignement partiel, peuvent donner lieu à un recours contentieux devant le Conseil d'Etat contre la décision du Ministre.

Les projets de plans d'alignement, en matière de grande voirie, sont soumis aux formalités d'enquête prescrites par la loi sur l'expropriation pour cause d'utilité publique (Circ. Dir. gén. des Ponts-et-Ch., 3 août 1833). Une commission d'enquête est appelée à donner son avis; le Conseil municipal de la commune traversée par la route qui fait l'objet du plan d'alignement est nécessairement consultée (Loi du 18 juillet 1837); le plan est soumis au Conseil général des Ponts-et-Chaussées, et approuvé, sur le rapport des Ministres de l'Agriculture, du Commerce et des Travaux Publics, par un décret impérial rendu en Conseil d'Etat.

Le décret qui intervient ainsi, après l'accomplissement des formes prescrites par la loi sur l'expropriation, a pour l'élargissement de la voie à laquelle il s'applique la valeur et les effets d'une déclaration d'utilité publique. Dans ces conditions, on conçoit que l'extrait d'un plan général ou même d'un plan spécial de tel quartier ou de telle rue, délivré à celui qui veut construire, ne puisse pas être considéré comme un acte contentieux, attendu que le plan général étant inattaquable est devenu la loi commune. L'extrait de ce plan n'est plus qu'un acte matériel, qui ne pourrait donner lieu à un recours contentieux qu'autant qu'il serait inexact; mais ce serait alors un excès de pouvoir qu'on signalerait de la part du fonctionnaire chargé de délivrer cet extrait, puisque ce fonctionnaire substituerait sa volonté à celle exprimée dans le plan général. Dans ce cas, la réclamation doit être portée devant l'Empereur, chef de l'Administration générale.

Dans plusieurs villes de France, même dans les grandes places, il n'existe pas encore de plans généraux d'alignements; on les prépare. Il peut donc se faire que l'Admistration se propose d'en faire dresser un, ou bien qu'un habitant qui veut construire ou faire des travaux confortatifs à des bâtiments existants ait besoin de demander un alignement.

Dans ces deux hypothèses, les réclamations pourront-elles se produire par la voie contentieuse? L'affirmative nous paraît certaine. Dans la première, tout habitant dont les propriétés seront comprises dans le projet du plan général ou spécial, formera opposition, et fera soutenir ses droits par le ministère d'un avocat devant le Conseil d'État.

Dans la seconde, l'habitant, forcé de demander un alignement, pourra se pourvoir devant le Conseil d'État, contre la décision du Ministre des Travaux Publics qui aura fixé cet alignement.

Petite Voirie.

En matière de petite voirie, les alignements sur les places et dans les rues des villes, bourgs et villages, qui ne servent pas de grandes routes, sont donnés par les Maires, sous l'approbation des Préfets, qui, d'après l'art. 11 de la loi du 18 juillet 1837, peuvent prononcer l'annulation ou suspendre l'exécution des autorisations accordées par les Maires.

Dans les autorisations qu'ils délivrent, les Maires doivent se conformer aux plans généraux d'alignement, partout où il en existe.

En l'absence de plan général, ils peuvent délivrer des alignements partiels. Un décret du 27 Juillet 1808 leur avait conféré ce droit, à titre provisoire. La confection des plans généraux subissant des retards, le droit donné aux Maires de délivrer des alignements partiels, en l'absence de plan général, fut prorogé par deux décisions royales des 29 février 1816 et 18 mars 1818 jusqu'au 1er mars 1819. Il n'y eut pas de prorogation nouvelle après cette époque.

Dans ces circonstances, le droit des Maires ayant été contesté, la question fut soumise au Conseil d'État. Elle a été tranchée par un avis des Comités réunis de législation et de l'intérieur, en date du 3 avril 1824, duquel il résulte : que, là où il n'existe pas de plan général d'alignement arrêté en Conseil d'État, le droit de donner des alignements appartient au Maire, sauf recours au Préfet, et successivement au Ministre de l'Intérieur et au Conseil d'État.

En cas d'absence ou d'empêchement du Maire, l'alignement peut être donné par un adjoint.

L'alignement donné verbalement par l'Autorité municipale n'est pas suffisant. Un certificat délivré ultérieurement par le Maire ne pourrait suppléer à l'arrêté, qui doit être pris sur la demande écrite de celui qui veut bâtir.

Les conventions particulières, qui auraient pu intervenir entre le Conseil municipal et le particulier soumis à l'alignement, ne changent pas la compétence en matière d'alignement. Quelles que soient ces conventions, l'alignement n'en doit pas moins être demandé au Maire, et les contestations que cette demande peut faire naître doivent être soumises au Préfet et au Ministre.

Le recours contre les arrêtés pris par le Maire, en matière d'alignement, doit être porté devant le Préfet. Le droit de former ce recours appartient au propriétaire et aux tiers-intéressés. Le Maire lui-même pourrait se pourvoir auprès du Préfet, en réformation de son propre arrêté.

Quant aux arrêtés du Préfet, la voie de recours ouverte aux réclamants est celle qui résulte de l'art. 6 du décret du 25 mars 1852, d'après lequel les parties qui croient devoir réclamer contre les décisions prises par les Préfets sur des alignements partiels, ont le droit de se pourvoir devant le Ministre de l'Intérieur, qui peut annuler ou réformer ces décisions, contre lesquelles ce décret n'établit ou ne réserve aucun autre mode de recours. Le recours contentieux n'est ouvert contre le règlement partiel d'alignement que dans deux cas : lorsqu'il n'existe pas de plan général d'alignement, ou bien lorsque les parties intéressées soutiennent que l'alignement partiel est contraire au plan général adopté.

Des Chemins vicinaux.

Les chemins vicinaux forment une dépendance de la petite voirie; nous devons donc jeter un coup-d'œil sur leur législation en matière d'alignement. Jusqu'en 1836, elle était muette. On voit seulement, dans la loi du 9 ventôse an XIII, que l'administration est chargée de fixer la limite de ces chemins, et que nul ne peut planter sur leurs bords, sans conserver leur largeur.

L'art. 21 de la loi du 21 mai 1836 a prescrit aux Préfets de fixer, dans chaque département, le maximum de la largeur des chemins vicinaux, de déterminer en même temps ce qui est relatif aux alignements, aux autorisations de construire le long des chemins. En exécution de cette loi, pour les chemins vicinaux proprement dits, les Maires donnent des alignements, sous la réserve de l'approbation du Sous-Préfet qui vérifie si la largeur légale du chemin a été respectée. Mais, pour les chemins vicinaux de grande communication, c'est le Préfet qui donne l'alignement, sur la proposition du Maire, le rapport de l'Agent-voyer et du Sous-Préfet.

La nécessité de demander un alignement pour les constructions longeant les chemins vicinaux existe indépendamment de tout arrêté administratif portant défense de construire sans avoir obtenu cet alignement. Il y aurait contravention, si les constructions étaient élevées sans que l'alignement eût été fixé.

Les réclamations contre ces alignements sont jugées par le Ministre des Travaux Publics, comme en matière de grande voirie.

Contraventions.

Aux termes de l'arrêt du Conseil du 27 février 1765 et de l'ordonnance du Bureau des Finances du 18 juin suivant, les contraventions aux dispositions relatives à l'alignement, en matière de grande voirie, sont passibles de 300 fr. d'amende et de la démolition.

La démolition, il est vrai, ne doit être ordonnée que lorsque la construction, élevée sans autorisation, est contraire à l'alignement, et rentre dans la classe de celles qui ne peuvent être autorisées.

Quant aux réparations faites sans autorisation à des constructions sujettes à reculement, elles ne peuvent être soumises à l'amende et à la démolition qu'autant que ces réparations sont confortatives : dans le cas contraire, l'amende seule est encourue.

La répression de ces contraventions appartient au Conseil de préfecture, qui prononce, sauf recours au Conseil d'Etat. C'est aussi au Conseil de préfecture qu'appartient le droit de poursuivre la réintégration du sol, en matière d'anticipation. Les Préfets pourvoient à l'exécution des arrêtés des Conseils de préfecture; les amendes sont recouvrées par le préposé de l'Enregistrement et des Domaines.

En matière de voirie urbaine, la connaissance des contraventions est du ressort des Tribunaux de simple police, qui prononcent la condamnation à l'amende et ordonnent la démolition.

En matière de chemins vicinaux, l'anticipation se poursuit pour la réintégration du sol devant le Conseil de préfecture, et la contravention est portée devant le Tribunal de simple police:

QUESTIONS.

I. — Les Conseils de préfecture et les Tribunaux peuvent-ils connaître des réclamations contre les alignements? — Non.

II. — L'alignement donné par un membre du Conseil municipal, non désigné pour remplacer le Maire, peut-il produire des effets? — Non.

III. — Comment est réglée l'indemnité due pour suite d'un alignement?

IV. — L'Autorité municipale a-t-elle le droit de contraindre les citoyens à ne faire des constructions que conformément au plan par elle adopté dans des vues d'embellissement et de décoration? — Non?

Cette Thèse sera soutenue en Séance publique, dans une des salles de la Faculté, le 8 août 1863.

Vu par le Président de la Thèse,
DUFOUR.

www.ingramcontent.com/pod-product-compliance
Lightning Source LLC
Chambersburg PA
CBHW060501050426
42451CB00009B/756